Carsten Müller

Kartenspielerfiguren 5

Fünfter Band einer besonderen Sammlung

mit Anmerkungen zu alten und neuen Rätseln

über das Buch:

Im fünften Band der „Kartenspielerfiguren" wird diese Serie, die bisher rund 60 Figurengruppen vorgestellt hat, um weitere 16 Gruppen und eine Einzelfigur erweitert. Dies sind vor allem Geschenke aus den letzten beiden Jahren unter anderem auch zum Arbeitsende des Autors. Besonders sind zwei Gruppen, die einem anderen Spiel als dem Kartenspiel frönen. Thematisch geht es nach den Bänden 1 – 4 mit Sammeln, Reisen, Lesen und Spielen um alte und neue Rätsel und deren Wert. Einige Gedanken gibt es auch zum 40-jährigen Jubiläum einer sehr angenehmen Skatgemeinschaft in Jena, wieder gespickt mit Aufgaben/Rätseln um dieses wunderbare Kartenspiel.

über den Autor:

Carsten Müller, Jahrgang 1957, Sternbild Stier, hat nach seiner Schulzeit in Karl-Marx-Stadt (heute Chemnitz) ein Lehrerstudium (Ma/Phy) in Jena erfolgreich abgeschlossen und danach bei Prof. Eike Hertel auf dem Gebiet der Geometrie promoviert. Von 1990 bis 2022 leitete er ein SPEZIelles Gymnasium in Jena, das sich der Förderung von mathematisch-naturwissenschaftlich-technisch begabten Schülerinnen und Schülern widmet. Er ist seit mehr als 40 Jahren glücklich verheiratet, hat zwei wunderbare Töchter und ebensolche Enkel. Seine umfangreiche (mathematische) Bibliothek beherbergt eine Vielzahl von Büchern zu Denksportaufgaben, Rätseln, Hirnverzwirnern, Kopfzerbrechern, … .

www.carl-zeiss-gymnasium.de

www.imaginata.de

für Britta

Bibliographische Informationen der deutschen Nationalbibliothek

Die Deutsche Nationalbibliothek verzeichnet diese Publikation in der Deutschen Nationalbibliographie; detaillierte bibliographische Daten sind im Internet über

http://dnb.d-nb.de abrufbar

Alle Rechte liegen beim Autor

Dr. Carsten Müller, Jena

dr.mueller.c.jena@t-online.de

Herstellung und Verlag: BoD – Books on Demand, Norderstedt

Printed in Germany

ISBN 978-3-7568-6062-3

Mehr Infos auch auf www.bod.de

Inhalt:

Vorwort

Vor genau 10 Jahren erschien der erste Band der „Kartenspielerfiguren", dem im Laufe der Jahre drei weitere Bände folgten. Das war damals nicht absehbar, aber eine recht logische Fortsetzung einer Sammelleidenschaft. Mitbringsel aus verschiedenen Urlauben, Nachforschungen im Internet, Empfehlungen von Bekannten und wunderbare Geschenke zu diversen Anlässen waren die Grundlage für die bisher gezeigten rund 60 Gruppen oder Einzelfiguren, die dem Kartenspiel frönen.

Nach der Monaco-Gruppe aus Band 1 und den vier Miniaturen aus Band 2 werden in diesem Band wieder einige Miniaturen vorgestellt, die diesmal nicht nur durch ihre „Kleinheit" beeindrucken, sondern vor allem durch die ungewöhnlichen Figuren selbst. Wer hat schon „Außerirdische" oder „Frösche" Karten spielen sehen?

Mit dem Eintritt in den Ruhestand bewahrheitete sich die alte Regel „Rentner haben niemals Zeit". Nachberuflich gibt es viele Dinge, die einer Aufarbeitung harren, so dass es nicht leicht ist, alles zu koordinieren. Wichtig war jedoch dieser fünfte Band, weil sich im Dezember 2022 ein Ereignis zum vierzigsten Mal jährt, das mit der im Band 2 vorgestellten Skatspielergemeinschaft „Schillerhof 82" zu tun hat. In diesen 40 Jahren kreuzten wir mehr als 1100 mal die Karten bei etwa 53000 Spielen. Ein wenig zur Statistik gibt es noch zum Ende dieses Büchleins.

In allen Bänden zu den „Kartenspielerfiguren" wurde bisher ein allgemeines Thema in den Blickpunkt genommen. Nach einer Hinführung zum Sammeln sowie einer Würdigung des Skatspiels an sich im ersten Band nahm Band 2 den Wert von Reisen in den Focus. In Band 3 wollte ich der Bedeutung von „Lesen" zur Aufmerksamkeit verhelfen. Auszüge aus mir wichtigen Büchern oder auch der Reiz des Blätterns in „Papierobjekten" waren darin Gegenstand.

Band 4 war dann bereits mit einem Thema versehen, das auch meine Berufslaufbahn permanent begleitet hat: „Spiele". Dabei wurden neben bekannten Spielen eine Würdigung des Skatspiels vorgenommen aber auch ein „Null-Personen-Spiel" (?) vorgestellt.

In diesem Band wird ein Thema aufgegriffen, das ein wenig an Band 4 anknüpft aber einen ganz eigenen Reiz ausübt. Es handelt sich um „Rätsel", die auch nahe an Spielen sind, wenn wir zum Beispiel an Skataufgaben denken.

Rätsel ganz allgemein sind natürlich ein weites Feld. Als Kinder hatten viele von uns die Frage vor Augen: „Was hängt an der Wand und gibt jedem die Hand?". Neben dem Reim war die Antwort mit dem Handtuch erinnerungswert. Falls ich zu Vertretungen in Englisch „gerufen" wurde, nahm ich oft einen kleinen Rätselspass zur Auflockerung mit: „Why is 6 affraid of 7?" (Warum hat die 6 Angst vor der 7?) Antwort: „Because 789". Nun kann man die Zahl auf vielerlei Arten Lesen. Die Lösung ist „seven, eight, nine" mit dem Spaß, dass „eight" als die Vergangenheitsform von Essen „ate" erscheint. Also hat die 7 bereits die 9 „verspeist", was der 6 (als „ähnlicher" Zahl) natürlich Angst machen sollte.

Viele ähnliche Beispiele kennen wir, einige „Klassiker" sind darunter. In diesem Büchlein sollen einige der Fragen auch unter dem Aspekt notiert werden, dass es immer wieder schöne „Erweiterungen" gibt/geben kann, die interessant sind.

In der Literaturliste werden einige Bücher im Zusammenhang mit schönen Rätseln aufgelistet. Es gibt eine unglaubliche Fülle solcher Bücher wie zum Beispiel mehr als 10 von Heinrich Hemme aus Aachen. Martin Gardner, Ian Stewart und John Conway ist ebenso zu danken wie den Meistern der mathematischen Rätsel Samuel Loyd und Henry Dudeney, die unglaubliche Aufgaben erfunden haben.

Ich bitte den Leser mitzugehen auf eine, sicher unvollständige, Reise durch eine bemerkenswerte „Rätselwelt", die hoffentlich auch einige Neuigkeiten bereithält und damit zur Bildung im Allgemeinen beträgt. Lassen Sie sich mitnehmen in schöne Gedankenwelten mit überraschenden Lösungen. Diese werden meist nicht am Ende des Buches notiert, sondern gleich genannt, was nicht davon abhalten sollte, die Lösungsideen selbst nachzuvollziehen.

Carsten Müller   Jena im Jahre 2023

Rätsel

Jeder von uns stand zu verschiedenen Zeiten seines Lebens vor Rätseln, vor mehr oder weniger kleinen oder größeren Problemen, die es zu lösen galt. Mit den nachfolgenden Gedanken zu Rätseln im engeren Sinn sollen nun nicht die „großen Fragen" herangezogen werden, sondern kleinere „Miniaturen" aus dem Spektrum mathematischer, logischer Fragen thematisiert werden. Ich möchte den Leser mitnehmen auf eine Reise zu schönen Rätseln, überraschenden Lösungen und teils genialen Gedanken. Dabei sollen es einfache Fragen sein, die man mit Freunden teilen kann, die natürlich nicht alle unbekannt sind, aber vielleicht durch mögliche Erweiterungen einen gewissen Reiz erhalten. Anregungen dazu erhielt ich aus der sehr umfangreichen Literatur, aber auch durch die langjährige Tätigkeit als Mathematiklehrer einer ganz *spezi*ellen Schule.

Zuerst möchte ich zwei Rätsel erwähnen, die fast schon „klassisch" zu nennen sind. Einmal das Rätsel der Sphinx, der angeblich erste I.Q.-Test der Geschichte nach [1, S. 19]. „*In der griechischen Mythologie war die Sphinx ein Wesen mit dem Kopf einer Frau, dem Körper eines Löwen und den Flügeln eines Adlers, das die Tore der griechischen Stadt Theben bewachte. Die Sphinx ließ nur diejenigen ein, die das folgende Rätsel lösen konnten, alle anderen brachte sie um: Wer geht am Morgen auf vier, am Nachmittag auf zwei und in der Dämmerung auf drei Beinen?*" Denkt man nun die Tageszeiten als „Lebenszeit", so „erhellt", dass es sich um den Menschen handelt, der zu Beginn auf allen vieren „läuft", danach auf zwei Beinen und im Alter einen Gehstock brauch.

Das zweite Rätsel habe ich auch [1, S. 15] entnommen, wobei es dort als eines der schönsten logischen Rätsel bezeichnet wird. Die Lösung erfordert laut dem Autor Denken, Konzentration, Kreativität, Logik, Erkenntnis und hohe Aufmerksamkeit bis ins kleinste Detail. „*Es treffen sich zwei Mathematiker. Der erste sagt: ‚Ich glaube, Du hast drei Söhne, wie alt sind sie?' Antwort: ‚Ja ich habe drei Söhne. Wenn Du ihr Alter multiplizierst, erhältst Du 36, und die Summe ihrer Alter entspricht dem heutigen Datum.' Darauf der erste Mann nach ein wenig*

Nachdenken: ,Tut mir leid, aber das sagt mir noch nicht, wie alt Deine Söhne sind.' Darauf die Anmerkung: ,Ach ja, ich habe vergessen zu erwähnen, dass mein jüngster Sohn rotes Haar hat.' Darauf der Zweite: ,Aha, dann ist alles klar, ich weiß nun wie alt Deine Söhne sind.'" Wie erkennt man die Lösung? Zuerst sollten alle Tripel von (natürlichen) Zahlen überlegt werden, die als Produkt 36 ergeben. Das sind immerhin acht, wobei 1, 1, 36 bereits recht „exotisch" ist. Das Datum als Summe muss nun mehrfach vorkommen, sonst wäre alles bereits nach der ersten Aussage klar. Für die 13 gibt es zwei Tripel (2, 2, 9 und 1, 6, 6) und mit der Aussage eines jüngsten Kindes bleibt als Lösung nur die zweite Variante übrig. Sehr schön, oder?

Es gibt dazu eine „verwandte", recht komplexe Aufgabe, die ich [2, S. 7 ff] entnommen habe und ohne Lösung wenigstens vorstellen möchte. Dort ist die Aufgabe wie folgt formuliert: *„Gott wählt zwei Zahlen a und b aus (1 < a, b < 101), wobei a = b möglich ist, und gibt Mr. S die Summe S = a + b und Mr. P das Produkt P = a · b. Nun ergibt sich folgender Dialog: Mr. S sagt zu Mr. P: ,Ich kenne die Zahlen nicht, aber ich weiß, dass Du sie auch nicht kennst.' Mr. P antwortet: ,Dann kenne ich die Zahlen.' Darauf Mr. S: ,Dann kenne ich sie auch.' Welche Zahlen hat Gott gewählt?"*

Beginnen möchte ich mit einem ganz einfachen Rätsel, das verschiedene Erweiterungen kennt, aber für viele auch ein alter Klassiker ist. Stellen Sie sich vor, Sie haben ein quadratisches Brett mit 8x8 Feldern vor sich und sollen es mit Dominosteinen (zwei Kante an Kante verbundene Quadrate) belegen. Sofort klar ist, dass man dafür 32 Steine braucht. Die Zerlegung gelingt sofort, wobei man bereits etwas länger puzzeln muss, um es „bruchkantenfrei" zu realisieren. Dies meint, dass die zwei mal sieben möglichen Bruchkanten (vertikal und horizontal) im Sinne von Schokoladentafeln jeweils durch mindestens einen Dominostein unterbrochen werden. Ohne auf diese eher mathematische Frage einzugehen, soll wenigstens erwähnt werden, dass man „bruchkantenfrei" ein n x m - Rechteck zerlegen kann, wenn n und m beide nicht ungerade und größer 4 sind. Allerdings gibt es genau eine Ausnahme, nämlich das 6 x 6 – Quadrat. Der Beweis dafür ist leicht nachvollziehbar, soll aber hier nicht Gegenstand sein (vgl. [3]).

Zurück zum 8 x 8 – Quadrat. Schneidet man zwei benachbarte Ecken ab, so ist es immer noch kinderleicht, die verbleibende Figur mit 31 Dominos zu bedecken. Werden nun allerdings zwei nichtbenachbarte Ecken entfernt, so gestaltet sich die Bedeckung mit 31 Dominos bereits recht anspruchsvoll. Schüler kann man ziemlich lange suchen lassen, bis die ernsthafte Frage entsteht, ob eine gute Idee zur Lösung fehlt oder es gar keine Lösung gibt. Wer das Rätsel kennt, hat sicher nicht die wunderbare Idee vergessen, die die Unmöglichkeit erklärt. Der Schlüssel ist die Vorstellung, dass 8 x 8 – Quadrat wie ein Schachbrett zu färben, wobei dann der Unterschied von zwei benachbarten und zwei nichtbenachbarten Ecken in deren Färbung liegt. Da ein Domino stets ein schwarzes und ein weißes Feld bedeckt, müssen die beiden entfernten Felder unterschiedliche Farben haben. Deshalb ist die Bedeckung bei Entfernung nichtbenachbarter (gleichfarbiger !) Ecken durch 31 Dominos unmöglich. Man kann übrigens mit einem kleinen Trick beweisen, dass bei Entfernung zweier beliebiger, unterschiedlich farbiger Felder eine Bedeckung mit 31 Dominos immer möglich ist.

Eine erste Verallgemeinerung dieses schönen Rätsels ist die Frage, ob eine Zerlegung in 21 Triminos I (drei Quadrate in einer Reihe) eines 8 x 8 – Quadrates möglich wird, wobei dabei ein kleines Quadrat übrigbleiben wird. Zuerst ist es sinnvoll zu klären, wie viele „verschiedene" Positionen es für das restliche Kästchen geben kann. Unter Berücksichtigung der Symmetrien des 8 x 8 – Quadrates (vier Drehungen inklusive der Identität, vier Spiegelungen) gibt es nur 10 (!) verschiedene potenzielle Lücken. Mit Schachbrettnotation wäre dies zum Beispiel das „Dreieck" a1, a4 und d4. Nun kann man wieder, diesmal zehn einzelne Puzzle, spielen und jedes Puzzle ist ein neues Rätsel. Mit den „Färbungen" aus dem ersten Beispiel, diesmal allerdings mit drei Farben, sodass ein Trimino stets immer drei verschiedenfarbige Quadrate bedeckt, und wieder einem Blick auf die Symmetrie des 8 x 8- Quadrates, gilt es ein Feld zu finden, das bei allen Symmetrien gleichbleibt. Dies ist genau ein Feld: c3 !!. Hat man dies erkannt, so bildet das Puzzle mit der Lücke c3 kein großes Problem mehr.

Eine kleine Erweiterung wäre noch die gleiche Frage wie eben, aber diesmal mit dem zweiten möglichen Trimino L (drei Quadrate im rechten Winkel). Hier gibt es eine schöne Idee, die zeigt, dass jede (der zehn) Lücken für ein erfolgreiches Puzzeln geeignet ist. Dazu erkennt man zuerst, dass in einem 2 x 2 – Quadrat jede Lücke, es gibt wegen der Symmetrie eigentlich nur eine (!), mit einem L Trimino gefüllt werden kann. Legt man nun an eine Ecke des 2 x 2 – Quadrates von außen einen L Stein, so sind nun in einem 4 x 4 – Quadrat noch drei 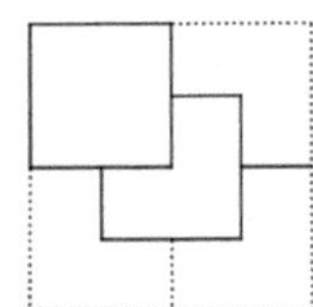 kleine 2 x 2 – Quadrate mit je einem bedeckten Eckquadrat übrig, die natürlich ganz einfach mit drei weiteren L Triminos zu bedecken sind. Dies lässt sich nicht nur auf ein 8 x 8 – Feld erweitern, sondern für jedes 2^n x 2^n -Feld.

Eine schöne Übung zu diesem Aufgabentyp ist es nun, sich zuerst die Anzahl der Tetraminos zu überlegen, d. h. alle Vereinigungen von vier Quadraten bei Kante-an-Kante Verbindungen. Das sind die Tetrissteine, allerdings hier nur fünf, da die Gespiegelten als gleich gelten sollen. Es scheint angebracht, über eine Zerlegung eines 4 x 5 – Rechteckes mit den fünf verschiedenen Tetraminos nachzudenken. Wiederum die Frage nach einigen missglückten Versuchen, ob es einen Grund gibt, dass das Puzzle nicht „aufgeht". Mit den Überlegungen von oben und einer Schachbrettfärbung des Feldes und der Steine wird klar, dass der „Spielverderber" der T Tetramino ist. Alle anderen bedecken jeweils 2 Felder schwarz und weiß, aber der T Stein 3 und 1, was zusammen keine 10 schwarzen und 10 weißen Felder ergeben kann.

Bei dem Wort „Bedeckung" kommt eine weitere Rätselvariante ins Blickfeld, die nicht sofort allen so leicht eingängig ist. Man stelle sich eine Seerose vor, die ihre Blattfläche mit jedem neuen Tag verdoppelt. Nach dreißig Tagen ist der gesamte See vollständig bedeckt. Die erste Frage ist jene nach der Anzahl der Tage bis der See halb bedeckt ist. Es ist teils verblüffend, dass dazu 29 (!) Tage notwendig sind.

Etwas anders mutet die Frage an, wann der See vollständig bedeckt ist, wenn zu Beginn des Prozesses zwei (gleiche) Pflanzen „gesetzt" werden. Wieder lautet die Antwort 29, da dann ja jede Pflanze den See zur Hälfte bedeckt. Eine weitere Frage wäre diejenige nach der Anzahl der Pflanzen, sodass der See nach 28 Tagen vollständig bedeckt ist. Mit ein wenig Überlegen erkennt man, dass eine Pflanze nach 28 Tagen ein Viertel des Sees bedeckt, womit klar wird, dass es vier Pflanzen sein müssen. Als Abschluss die Frage nach der Anzahl der Pflanzen, sodass der See nach 20 Tagen vollständig bedeckt ist, oder allgemeiner nach n Tagen. Bei 20 Tagen sind es immerhin $2^{10} = 2^{(30-20)}$ Pflanzen, was bereits mehr als 1000 sind. Hätten Sie das geschätzt?

Weniger ein Rätsel als eine schöne Aufgabe ist diejenige, die der Grundschüler C. F. Gauß vor rund 230 Jahren schnell und fehlerfrei, aber vor allem offenbar mit einer grandiosen Idee löste. Wir werden die genaue Analyse der Lösung nicht mehr durchführen können, wie der kleine Carl die Summe der ersten 100 (oder 40) natürlichen Zahlen im Kopf (!) ermittelte. Als wahrscheinlich liegt allerdings nahe, dass er die Zahlen im Kopf „umgruppierte" und sich „unter" die ersten 50 Zahlen rückwärts die nächsten 50 beginnend mit 51 vorstellte. Damit hatte er also 50 + 51, 49 + 52 usw. vor sich gesehen und diese 50 Paare zu je 101 recht einfach multipliziert zu 5050. Möglich ist auch, dass er die Folge bis 100 durch eine zweite solche Folge von 1 bis 100 ergänzte und wieder Paare, nun 100, von jeweils 101 bildete, die es aber noch wegen der doppelten Zahlen durch zwei zu teilen galt, was aber wieder 50 mal 101 ergab. Die letzte Variante ist übrigens allgemeiner, da die größte Zahl n der Summe von 1 bis n hier auch ungerade sein kann.

Eine schöne Anwendung dieser Idee greift auch bei einer ähnlichen Aufgabe, die zuerst aber völlig anders anmutet. Aufgabe 64 aus [4] fordert dazu auf, die Summe aller Ziffern der Zahlen 1 bis 1 Milliarde zu finden, nicht der Zahlen selbst. Mit dem Verständnis der ersten Aufgabe kann man analog argumentieren. Die Ziffernsumme von 0 und 999.999.999, 1 und 999.999.998, 2 und 999.999.997 usw. beträgt jeweils 81 und es existieren 500.000.000 solcher Paare.

Damit ergibt sich als Ziffernsumme 500.000.000 mal 81 vermehrt um 1 (wegen 10^9), also 40.500.000.001.

Ein daran „angelehntes" Rätsel ist Nr. 3 aus [5], wo gefragt wird, ob es möglich ist, in 10 Geldbörsen 44 Dollar zu legen, sodass in allen Geldbörsen unterschiedliche Dollarbeträge sind. Fragt man nach der kleinsten Summe, die man für 10 Geldbörsen benötigt, so ist dies die Summe von 0 bis 9, die nach Gauß fünfmal 9 gleich 45 ist, was die Aufgabe als unlösbar „enttarnt".

Viele Rätsel sind formuliert, die sich mit Streichhölzern beschäftigen. Oft werden dabei römische Zahlen genutzt, wobei dann auch Kuriositäten entstehen, die eine Lösung ohne (!) Veränderungen bereithält. Dazu drehe man beispielsweise die Gleichung X I + I = X auf den Kopf. Komplizierter wird es, wenn man auch andere Zeichen nutzt, wie beim Klassiker V I = I I und dem Verlegen eines Holzes, nämlich von der rechten Seite an des V links oben, so dass man ein Wurzelzeichen erhält! Das fast Gleiche geht auch mit V I = I und einem Holz, sobald man das V trennt und die Gleichung I / I = I „erscheint"!

Noch skurriler wird es beim Hinzuziehen von anderen „Zeichen", wie bei 25 C° = 77 F°. Dies kann man mit je vier Hölzern mehr als falsche Gleichung 2590 = 7796 notieren und dann bitten, jeweils vier Hölzer pro Seite zu entfernen, um eine richtige Gleichung zu erhalten. Noch viel mehr solcher wirklich außergewöhnlichen Gleichungen mit Streichhölzern findet man in [6] Nr. 35 und 47 – 49. Vielen Dank dafür an Prof. Hemme aus Aachen.

Zwei beeindruckende Erlebnisse möchte ich in dem Zusammenhang noch mit fünften Klassen anfügen, die ich unter anderem vor etwa 30 Jahren erleben durfte. Ich gab mehrere Aufgaben mit Streichhölzern vor und wurde beim Korrigieren der Hausaufgabe dann doch sehr überrascht. Es sollte mit dem Verlegen von _**zwei**_ Hölzern die falsche Gleichung 100 + 60 = 90 bzw. C + LX = XC korrigiert werden. Es wurden mehrere Lösungen wie auch dreißig Jahre später im Herbst 2022 gefunden wie zum Beispiel 101 – 61 = 40, 101 – 60 = 41 oder 99 – 59 = 40. Neu war 2022 die Lösung mit 100 – 59 = 41. Der „Kracher" von 1993 war allerdings eine Lösung mit dem Verlegen nur _**ein**_es Holzes. Der

Schüler von damals „sah" eine ganz geniale Lösung, indem er die 60 in 50 – 10 „verwandelte" und die Gleichung 50 + 50 – 10 = 90 bekam, in römischen Zeichen: L + L – X = XC! Als ich dies dreißig Jahre später als besondere Leistung von „damals" würdigen wollte, gab ein Mädchen zu „Protokoll", dass dies keine Lösung wäre, da ja nach dem Umlegen von zwei Hölzern gesucht war. Mir fehlten die Argumente!

Eine andere komplexe Aufgabe von Prof. Hemme sah drei Gleichungen gleichzeitig vor. Ich möchte nicht auf die Details eingehen, aber die Gleichungen in Zahlen waren 6 / 6 = 50, 9 + 5 = 479 und 6 + 91 = 52. Legt man dies in Zahlen mit Streichhölzern (nicht in römischen Ziffern), glaubt man fast nicht an die Vorgabe, nämlich nur drei Hölzer insgesamt zu verlegen für drei richtige Gleichungen. Sieht man jedoch die dritte Gleichung auf dem Kopf, so brauch man gar kein Holz umzulegen. Danach „sieht" man mit ein wenig Fantasie die ELF in der 479, die nun auf dem Kopf steht. Der Rest der Lösung erschließt sich allerdings Fünftklässlern nicht, da periodische Brüche unbekannt sind (Streichhölzer als Komma und Periodenstrich werden gebraucht). Nun hat ein Schüler der aktuellen fünften Klasse nicht lockergelassen und für die dritte Gleichung erkannt: 6 mal 6 = 36, was allerdings ein Holz mehr benötigt, aber dafür mit den Mitteln der fünften Klasse auskommt. Prof. Hemme hat sich für den Hinweis bedankt und wird dies vielleicht in einer neuen Ausgabe der Aufgaben vermerken.

Neben Streichhölzern kann man auch mit Socken oder besser Paaren von Socken Rätsel formulieren. Dabei versteht man unter einem Paar hier immer ein gleichfarbiges Paar Socken, was ja heute nicht mehr ganz selbstverständlich ist. Wir betrachten von nun an einen undurchsichtigen Beutel, aus dem wir „auf gut Glück" Socken entnehmen. Ein einfacher Einstieg ist die Frage nach der minimalen Anzahl an Socken, die wir aus einem Beutel mit fünf roten und fünf blauen Socken entnehmen müssen, um mit Sicherheit ein Paar zu erhalten. Da der „schlechteste" Fall zwei unterschiedliche Socken wäre, die noch nicht reichen, müssen wir „zur Sicherheit" also drei Socken entnehmen. Möchte man allerdings mit Sicherheit ein rotes Paar anziehen, so reichen drei natürlich nicht, sondern es müssten nun bereits sieben Socken sein, da bei sechs Socken fünf blaue und nur eine rote sein könnten. Hat man fünf verschiedene Paare im Beutel (10 Socken), so wären die gleichen Fragen anders zu beantworten. Ein beliebiges Paar hat man sicher bei sechs Socken und ein rotes Paar benötigt alle 10 zur Sicherheit, da ja die letzte Socke die zweite rote sein könnte.

In dem herrlichen Rätselbuch [7] fand ich in Band I bei den Aufgaben 136 und 137 zwei einfache Fragen zur Anzahl von Blumen. Zuerst blühen in einem Garten 40 rote und violette Blumen. Gleichgültig, welche zwei Blumen man pflückt, immer ist mindestens eine violette darunter. Wie viele rote Blumen blühen gerade? Auf einem anderen Beet gibt es violette, rote und gelbe Blumen. Wenn man hier drei Blumen pflückt, so ist mindestens eine rote und eine violette darunter. Wie viel Blumen blühen auf diesem Beet? Mit dem Rückblick auf die Sockenaufgaben und der jeweiligen Suche nach dem „schlechtesten Fall", erkennt man leicht, dass es im ersten Problem nur eine rote Blume geben kann und die zweite Frage als Lösung drei (verschiedenfarbige) Blumen hat.

Ein sehr bemerkenswertes Feld an Aufgaben bieten magische Quadrate. Es handelt sich dabei um Zahlenschemata, die in einer quadratischen Anordnung Zahlen aufnehmen, deren Spalten-, Zeilen- und Diagonalensumme gleich ist. Klassisch sind dabei diejenigen Quadrate, die die Zahlen von 1 bis n^2 aufnehmen. Für jedes n (> 2) gibt es solche Muster, wobei für n = 3 nur eine Anordnung (bis auf Symmetrie) existiert, aber für n = 4 bereits 880 verschiedene Lösungen.

Es gibt eine unglaubliche Vielfalt an Literatur und damit Ideen, das klassische Muster bei Beibehaltung der Summengleichheiten zu verallgemeinern. So ist die Suche nach einem magischen Quadrat mit ausschließlich Primzahlen bereits beim „Altmeister" Dudeney zu finden. Er nahm allerdings die 1 dazu, die bekanntlich keine Primzahl ist. Dabei stößt man bei der Arbeit mit Schülern immer wieder auf die Definition, eine Primzahl ist durch 1 und sich selbst teilbar, was ja die 1 einschließen würde. Besser ist: Eine Primzahl ist eine Zahl mit genau zwei Teilern.

Ein sehr bemerkenswertes Quadrat der Ordnung 8 ist das nebenstehend gezeigte, das eine ganz besondere Eigenschaft sein Eigen nennt. Die magische Konstante ermittelt man leicht als $8^2 \cdot (8^2 + 1) / (2 \cdot 8) = 260$. Bildet man nun allerdings von jeder der 64 Zahlen das Quadrat, so entsteht auf wunderbare Weise ein neues magisches Quadrat aus lauter Quadratzahlen, nun mit der magischen Konstanten 11180. Beeindruckend!

16	41	36	5	27	62	55	18
26	63	54	19	13	44	33	8
1	40	45	12	22	51	58	31
23	50	59	30	4	37	48	9
38	3	10	47	49	24	29	60
52	21	32	57	39	2	11	46
43	14	7	34	64	25	20	53
61	28	17	56	42	15	6	35

Da dieses Thema so faszinierend sein kann, habe ich es auch auf dem Mathematikweg durch Jena aufgegriffen und gegenüber dem „Erlkönig" in Jena Ost eine Station errichtet. Da wird dann auch der Bezug zu Goethe gesucht, dessen „Hexeneinmaleins" im Zusammenhang mit einem klassischen magischen Quadrat der Ordnung 3 gesehen werden kann. Als schöne Aufgabe ist dort auch formuliert, die sechszehn Bildkarten eines Skatspiels (vier Farben, vier Bilder) so anzuordnen, dass in jeder Spalte, Zeile und Diagonale jedes Bild und jede Farbe nur genau einmal vorkommt. Falls die Lösung zu viel Mühe bereitet, besuchen Sie Jena.

641

11	77	62	29
69	22	17	71
27	61	79	12
72	19	21	67

179

Ein Rätsel der anderen Art mit magischen Quadraten wurde in [8] aufgegriffen, wo in Nummer 102 H. E. Dudeney die Frage stellte, ob es ein 4 x 4 – Quadrat derart gibt, dass es magisch bleibt, wenn man es „auf den Kopf stellt" ?! Bei geeigneter Schreibweise wird eine 2 zur 7 (und umgekehrt), eine 6 zu 9 und die 0, 1 und 8 bleiben sowieso gleich. Die Lösung ist schon recht bemerkenswert.

Es gibt noch eine unglaubliche Fülle von Rätseln/Aufgaben mit magischen Quadraten. So hat Wilhelm Ahrens [9] ein 7 x 7 – Quadrat ebenso gezeigt wie ein 12 x 12 – Quadrat oder auch Rösselsprungquadrate. Er gibt zudem am Beispiel des 5 x 5 – Quadrates die Anleitung, wie für ungerade n ein n x n – Quadrat zu konstruieren ist. Auch weitere

„Entstehungsgeschichten" von magischen Quadraten werden geschildert. Insgesamt ist die Problematik rund um magische Quadrate spannend, aufschlussreich und sehr lehrreich.

Schachrätsel

Eine für Schachspieler mögliche Rätselart sind Problemstellungen auf den 64 Feldern des Schachbrettes. Es gibt unter anderem Fragen nach Rekorden, wie diejenige nach der maximalen Anzahl von Feldern, die acht Figuren einer Farbe (ohne Bauern) bedrohen können. Bisher sind nur Lösungen mit 63 Feldern bekannt, wobei mit „gleichfeldrigen" Läufern sogar alle Felder bedroht werden können (vgl. [10])!

Die hier gezeigten Aufgaben sind nicht von der Art in n Zügen Matt zu setzen, wobei der mir bekannte Rekord dafür 271 Züge beträgt. Dank dafür gilt Ch. Hesse zu sagen, der eine unglaubliche Fülle an „Expeditionen in die Schachwelt" in seinem wunderbaren Buch [11] bereithält.

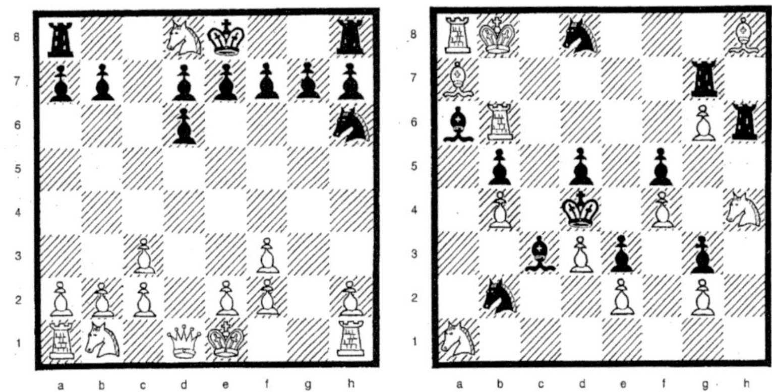

1. Die schwarze Dame wurde zuletzt geschlagen. Wie?

2. Weiß am Zug: Mit welchem Zug setzt Weiß **nicht** matt?

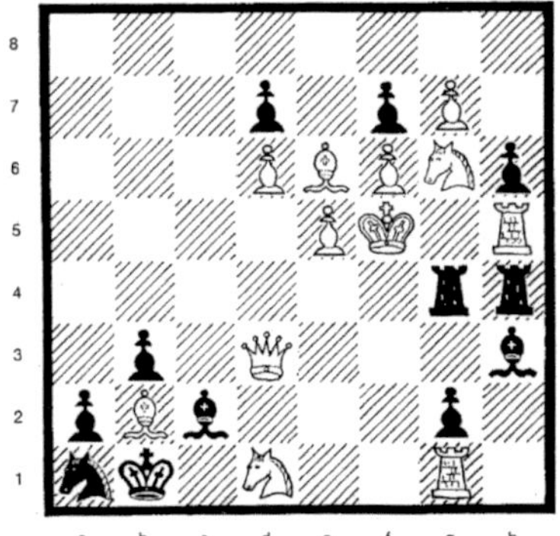 

3. Schwarz am Zug: Mit welchem Zug setzt Schwarz **nicht** matt?

4. Schwarz hat zuletzt gezogen. Wie?

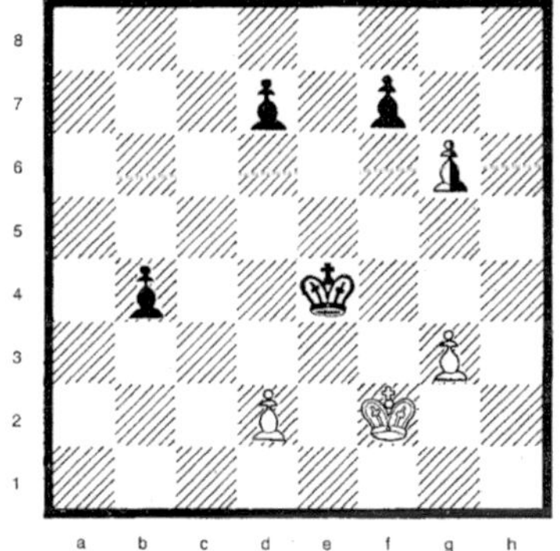 

5. Keine Figur hat jemals ihre Grundfarbe gewechselt. Welche Farbe hat der Bauer auf g6?

6. Wo wurde die weiße Dame geschlagen?

Bei all diesen Schachaufgaben der „ungewöhnlichen Art" ist es sehr wichtig, die richtigen Fragen an die Figuren zu stellen. Wie viele Figuren wurden bisher wie geschlagen? Welche Züge waren davor nötig? Was bedeutet es, wenn eine Figur nie die Farbe gewechselt hat, insbesondere für den König oder Springer?

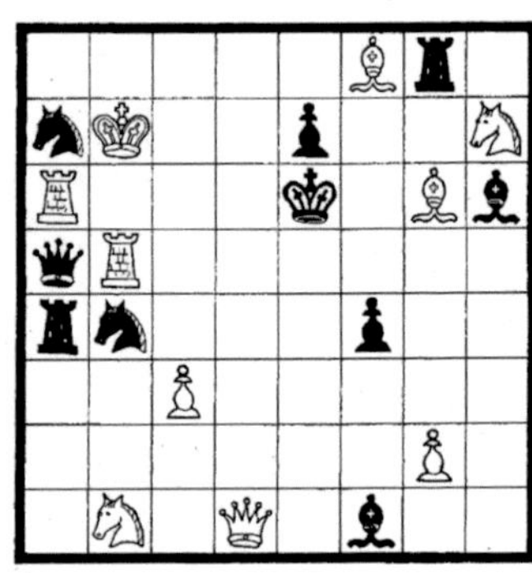

7. Hat sich jemals ein Bauer umgewandelt?

8. An welchen Brettrand gehören Schwarz und Weiß?

Dank zu sagen für diese doch recht ungewöhnlichen (Schach-)Rätsel gilt Peter Krystufek (Nr. 1, 2, 3, 4, 5, 8) und Raymond Smullyan für die sehr anregenden Ideen in [12] und [13]. In diesen sehr innovativen Büchern werden insgesamt 150 Rätsel „der anderen Art" vorgestellt und aufgelöst.

Die Auflösung der Schachaufgaben wird diesmal erst am Ende des Büchleins gegeben. Hilfreich wäre es aber, erst selbst die richtigen Fragen (s. o.) zu stellen.

Ein weiteres Schachrätsel habe ich aus einem wunderbaren Rätselbuch des vielleicht besten Mathematikers, „der mehr Mathematik zu mehr

Menschen als irgendjemand sonst" gebracht hat, wie es Berlekamp, Conway und Guy in jedem Band ihrer ebenfalls sehr bemerkenswerten Bücher „Gewinnen - Strategien für mathematische Spiele" [14] vermerkten, entnommen. Die Rede ist von Martin Gardner (1914 – 2010) und einem seiner vielen Bücher, hier „My best mathematical and logic puzzles" [15]. In

Nummer 26 lässt er uns teilhaben an „Lord Dunsany´s Schachproblem", das nebenstehend abgebildet ist. Die Aufgabe ist recht simpel (Matt in vier Zügen), aber die Stellung ist (auf den ersten Blick) sehr ungewöhnlich und lässt das Problem in einem ganz besonderen Licht erscheinen. Angemerkt hat Martin Gardner noch, dass diese Stellung regulär in dem Sinne ist, dass sie bei einem regelgerechten Spielverlauf entstanden sein könnte.

Oberflächlich betrachtet könnte man annehmen, dass die schwarzen Springer die weiße Bauernreihe „verspeist" haben. Die weißen „Nichtbauern" sind sodann an ihre Ausgangsstellung zurückgekehrt. Dies ist jedoch bei genauerem Hinschauen nicht der Fall. Wo steht denn die schwarze Dame? Nicht auf ihrem Ausgangsfeld, was ja schwarz wäre. Wie ist dies möglich? Falls die schwarzen Bauern auf ihrer Ausgangsreihe wären, hätten sich Dame und König nicht bewegen können. Also bleibt als einzige Möglichkeit, dass alle schwarzen Bauern vor ihrem Umwandlungsfeld (!) stehen.

Nun sollte der erste Zug von weiß nicht mehr schwer sein, da das Matt von einem Springer auf der Reihe hinter den schwarzen Bauern erfolgen wird. Diese Felder erreicht der rechte Springer nach einem Sprung vor den König und danach drei Felder vor die Dame (oder vor den rechten Läufer). Verhindern kann schwarz kaum etwas, nur der linke Springer kann auf der dritten Reihe verzögern. Um das Matt auf der fünften Reihe zu verhindern kann der schwarze Springer nur auf die weiße Damenreihe, was einen vierten Zug durch das Schlagen der Dame benötigt. Auch eine Diskussion, ob mit einer Umwandlung eines schwarzen Bauern im zweiten Zug eine weitere Verzögerung möglich wird, führt ins Leere.

Ich fand dies noch eine bemerkenswerte Ergänzung zu den vorher gezeigten ungewöhnlichen Schachaufgaben.

Neben den eher mathematischen Rätseln zu Beginn des Buches und den Schachaufgaben kommt man bei Rätseln nicht ohne die sehr kreativen, wunderbaren Bände von Paul Sloane [16] aus, der eine Vielzahl auch klassischer Fragen in den „Denkpuzzles" aufgereiht hat. Dazu hat er WOLLAK-Tests ersonnen, aus denen ich auch einige Kostproben geben werde (WOLLAK – Weltorganisation für Lernen, Lachen und Kombinieren).

Der Klassiker mit den Äpfeln ist sicher vielen bekannt. Wie kann ich sechs Mädchen aus einem Korb mit sechs Äpfeln jeweils einen Apfel geben, wobei ein Apfel im Korb bleiben soll? Kann Wilhelms Vater älter als sein Großvater sein? Können zwei Männer Tennis spielen, wobei das Spiel über fünf Sätze geht und jeder der beiden drei Sätze gewonnen hat?

Von praktischem Nutzen für Autofahrer sind zwei kleine Rätsel. Zuerst erreicht ein LKW eine sehr flache Brücke, die er unterqueren soll, aber sein Fahrzeug zwei Zentimeter zu hoch ist. Wie gelingt es ohne Schaden? Ein anderer Fahrzeugführer möchte ein Rad wechseln. Leider fallen die vier Radmuttern in ein Gully, wo er sie nicht herausholen kann. Wie kann er dennoch sicher weiterfahren?

Noch ein Rätsel, dass allerdings langsam „ausstirbt". Ein Mann verdächtigt seine Frau, ein Verhältnis zu haben. Er erfindet Gründe für eine Dienstreise und verlässt das Haus. Nach einer Stunde kommt er zurück und erfährt recht schnell Name und Adresse des Liebhabers. Wie?

Etwas Vorkenntnisse benötigt die Antwort auf die Frage, wann ein Kind geboren sein kann, das seinen ersten Geburtstag mit acht Jahren feiert?

Wie findet man den richtigen Weg, wenn man an einen umgestürzten Wegweiser gelangt?

Noch zwei Fragen im Zusammenhang mit Schule. Ein Schulleiter bemerkt beim Unterrichtsbesuch, dass sich bei jeder Frage alle melden und, obwohl jeweils ein anderes Kind antwortet, ist dies immer richtig. Vier Oberschüler kommen zu spät und entschuldigen sich mit einem Platten beim Auto. Wie werden sie „entlarvt"?

Einige Beispiele aus den WOLLAk-Tests seien noch angefügt:

01. Nehmen Sie von fünf Äpfeln zwei weg, wie viele Äpfel haben Sie?
02. Wie viele Tiere einer jeden Art nahm Moses mit auf die Arche?
03. Was haben Kermit der Frosch und Attila der Hunne gemeinsam?
04. Was benützen Sie zum Sitzen, Schlafen und Zähneputzen?
05. Ist es legal, wenn Sie die Schwester Ihrer Witwe heiraten?
06. In einer Brieftasche befinden sich zwei Scheine im Wert von 110.- €. Einer davon ist kein Zehneuroschein. Wie ist der Wert der einzelnen Geldscheine?
07. Wie viele Rillen hat eine Langspielplatte?
08. Einige Monate haben 30, einige 31 Tage. Wie viele Monate haben 28 Tage?
09. An der Seite eines Schiffes hängt eine Strickleiter mit einem Sprossenabstand von 30 Zentimetern. Genau elf Sprossen sind über der Wasseroberfläche zu sehen. Wie viele Sprossen sind sichtbar, nachdem die Flut 2,4 Meter gestiegen ist?
10. Wenn zwei Pfaue in zwei Tagen zwei Eier legen, wie viele Eier kann ein Pfau in vier Tagen legen?
11. Wie viele Kubikmeter Erde sind in einem Loch, das 3 Meter breit, 4 Meter lang und 5 Meter tief ist?
12. Was macht ein Glaser, der kein Glas mehr hat?
13. Wie viele Murmeln kann man in einen leeren Sack legen?
14. Als was würden Sie eine Person bezeichnen, die nicht alle Finger an einer Hand hat?
15. Warum machen blauäugige Eskimos nie Fehler?
16. Warum essen Chinesen mehr Reis als Japaner?

Die Antworten würden Sie alle in den genannten Büchern von Paul Sloane finden, aber ich gebe einige Hinweise bzw. die Lösungen hier an. Dabei sollen zuerst die Rätsel gelöst werden, die vor den WOLLAK-Aufgaben gestellt wurden.

Ein Mädchen erhält seinen Apfel mitsamt Korb, der Großvater kann natürlich mütterlicherseits sein und damit jünger und die Tennisspieler bildeten ein Doppel. Der LKW-Fahrer lässt ein wenig Luft aus dem Reifen, die fehlenden Radmuttern ersetzen jeweils eine Mutter der anderen drei Räder. Der misstrauische Ehemann wählt die Wahlwiederholung und sieht die Nummer des „Sünders". Das letzte Geburtsdatum, an dem das Kind dies „erleiden" musste, war der 29.02.1896 !! Den richtigen Weg findet man, indem man den Wegweiser so aufstellt, dass man die Richtung aus der man kommt, richtig zuordnet. Der Lehrer hatte den Schülern gesagt, dass sich alle melden sollen und wenn sie die Antwort wüssten, dann mit rechts! Die Schüler mit dem „falschen Platten" werden überführt, indem der Lehrer die Schüler getrennt voneinander nach dem konkreten Rad (vorn/hinten, rechts/links) befragt, wobei hochwahrscheinlich verschiedene Antworten gegeben werden.

Die Antworten auf die WOLLAK-Fragen sehen knapp so aus:

01. zwei
02. keine (Es war Noah´s Arche!)
03. das „der" in der Mitte
04. einen Stuhl, ein Bett und eine Zahnbürste, oder was haben Sie gedacht?
05. nein (ein Toter heiratet nicht)
06. 10 € und 100 €
07. zwei (wegen der 2 Seiten)
08. alle (nicht nur der Februar)
09. elf (die Flut hebt auch das Schiff an)
10. keine (der Pfau ist der Mann!)
11. keine (Loch !!)
12. Er trinkt aus der Flasche!
13. eine (dann nicht mehr leer)
14. normal (Wer hat schon zehn Finger an einer Hand?)
15. Weil es keine gibt !
16. Weil es mehr Chinesen gibt!

Die neuen Figurengruppen

Der Rauchverzehrer

Mir war bis zu diesem Geschenk meiner „Erstgeborenen" aus dem Frühjahr 2021 gar nicht bekannt, dass es solche Objekte überhaupt gibt. Nach Wikipedia waren Rauchverzehrer in der Bundesrepublik Deutschland und in der DDR besonders während der 1950er Jahre bei Zigarrenrauchern populär. In den 1950er und 1960er Jahren wurden die meisten heute noch erhältlichen elektrischen Rauchverzehrer gefertigt, die mittlerweile ein beliebtes Sammlergut sind. Mit Hilfe einer elektrischen Heizung, meist einer Glühlampe wie auch bei dieser Gruppe, wird Duftöl verdampft, das mit seinem Aroma den Rauch überlagert. Bei Rauchverzehrern mit einer Glühlampe als Heizung wird oft auch das von ihr abgegebene Licht ausgenutzt: Bei Tierfiguren leuchten die Augen, bei gebäudeförmigen Rauchverzehrern fällt das Licht durch die Fenster nach außen. Hierdurch wird der Charakter des Rauchverzehrers als Dekorationsgegenstand zusätzlich betont.

Der hier vorgestellte Rauchverzehrer zeigt drei Kartenspieler an einem ovalen Tisch, die offenbar intensiv ins Spiel vertieft sind. Der Spieler links mit Kappe holt gerade mächtig aus, vermutlich um eine gute Karte zu spielen, die zu der einzigen auf dem Tisch liegenden Karte hinzukommt. Der Spieler in der Mitte hat bereits einen Stich vor sich liegen und schaut gespannt mit einer Kippe im Mundwinkel auf das Geschehen. Der dritte Mitspieler hält ein wenig verkrampft seine Karten, scheint jedoch auch konzentriert dabei zu sein.

Der Zustand der Gruppe ist beachtlich gut. Nur wenige kleine Fehler sind vorhanden, die man auf den ersten Blick nicht erkennt. Als Leuchtmittel dient eine einfache Glühbirne. Im Stuhl des Mannes mit der Zigarette kann das Duftöl eingebracht werden, was dann durch die Wärmeentwicklung der Glühlampe „seinen Dienst" verrichtet.

Die Gruppe insgesamt macht einen sehr soliden Eindruck. Die Gesichter sind trotz der eher schlichten Arbeit im Gegensatz zu vielen anderen Porzellanfiguren dennoch ausdrucksvoll und zeugen von anspruchsvollem Spiel mit den Karten.

Der Aschenbecher

Die vier Herren im Jackett an diesem Kartentisch machen einen sehr seriösen Eindruck und sind mit voller Aufmerksamkeit beim Spiel. Es fällt auf, dass nur drei Spieler Karten in den Händen halten, aber vor jeder Person ein kleiner Stapel von Karten (umgekehrt) aufgetürmt liegt. Zwei Spieler halten ihre Karten so, dass davon auszugehen ist, dass sogleich weitergespielt wird. Mit großer Aushohlbewegung wird der Zigarettenraucher fortsetzen, nachdem der rechts von ihm sitzende seinerseits schwungvoll die Karte vor seine Brust gelegt hat.

Die Details der Figurengruppe sind für die Kleinheit der Personen und das Material – vermutlich Messing – sehr schön herausgearbeitet. Alle vier tragen elegante Jacken mit gutsitzenden Westen und Krawatte sowie gediegene Halbschuhe. Die Gesichtsausdrücke sind ebenfalls deutlich zu erkennen, wobei vorwiegend eine heitere Stimmung herrscht. Besonders der Herr ohne Karten mit dem Weinglas in der Hand wirkt sehr entspannt und lächelt in sich hinein.

Die Möbel sind von praktischer Schlichtheit. Ein einbeiniger runder Tisch, der fast zu klein wirkt, wird ergänzt durch vier Stühle, die materialarm gearbeitet sind. Sehr einfache Beine, die vorn ein wenig nach außen gekrümmt sind und eine sparsame Lehne, die den Anschein hat, die Fortsetzung der hinteren Beine zu sein erkennt man.

Die Gruppe ist auf eine Messingplatte gestellt, die rund 11 x 13 cm misst. Die erhobene Hand erreicht eine Höhe von 10 cm. Die Marmorplatte als „Unterbau" verleiht den Figuren eine beachtliche Masse von mehr als 3 kg. Der Durchmesser des Aschers an sich beträgt 10,5 cm. Die Messingplatte ist mit einer Schraube von unten im Tischbein befestigt, wobei unklar bleibt, wozu ein zweites Loch am äußeren Rand vorhanden ist.

Insgesamt wird das Ensemble von der Funktionalität als Aschenbecher dominiert, wobei die typischen kleinen Mulden zur Ablage der Zigaretten/Zigarren nicht vorhanden sind. Die Gebrauchsspuren im Aschenbecher selbst lassen leider keine Aussage über das Alter der Gruppe zu.

Der Schildkrötentisch

Drei offenbar sehr junge Mädchen spielen hier an einem recht bemerkenswerten Tisch Karten. Die ungewöhnliche Tischform gab der Gruppe den Namen, wobei es erstaunlich ist, wie auf der gekrümmten Tischoberfläche die Karten überhaupt halten und nicht zu Boden fallen.

Die Mädchen sind sommerlich gekleidet, was vor allem durch die kurzen Hosen betont wird. Leichte Oberbekleidung ergänzt den Eindruck, dass es vermutlich recht warm zu sein scheint. Zudem sind alle drei barfuß. Die Muscheln auf dem Boden könnten ein Hinweis darauf sein, dass die Gruppe am Strand spielt.

Interessant erscheinen die Sitzmöbel der Spielerinnen, die einmal einem Baustumpf ähneln, wie auch das Tischbein solcherart Herkunft sein kann. Die beiden anderen Mädchen sitzen auf einer Art Hocker, der zum Beispiel aus aufgetürmten Steinen entstanden sein könnte.

Die Spielsituation an sich ist, wie bereits in mehreren anderen Gruppen, davon geprägt, dass „unlauter" gespielt wird. Unerkannt durch die aktive Spielerin mit dem dunklen Oberteil, stecken sich die anderen Beiden eine Karte unter dem Tisch zu. Dies geschieht wieder mit einer Karte zwischen den Zehen, die der zweite „Partner" unbemerkt, hier mit der linken Hand, versucht aufzunehmen.

Die Gesichter der Spielerinnen kommen gut zur Geltung. Man sieht den beiden „Falschspielerinnen" förmlich die Anspannung an, ob denn das verbotene Manöver auch gelingt. Die „mittlere" Spielerin ist versunken in ihr eigenes Spiel und offenbar überzeugt, mit ihrer Karte das Spiel positiv für sich zu gestalten.

Die ovale Grund"platte" hat „Halbachsen" von 18 und 13 cm. Die Farbgebung insgesamt ist sehr dezent, wobei das dunkle Oberteil farblich abgestimmt zu sein scheint mit den Kopfbedeckungen der anderen beiden Figuren, ebenso mit den Streifen auf den leichten Oberteilen der Mützenträgerinnen. Die goldenen Verzierungen am vorderen Rand verleihen der Gruppe einen etwas besonderen und edlen Stil.

Der Pokerspieler

Diese Einzelfigur ist in der Werkstatt von Guillermo Forchino entstanden und wurde vom Künstler mit „Mr. Poker Face" bezeichnet. Der 1952 geborene Künstler Guillermo Forchino lebt in Paris und hat seit 1980 verschiedene Ausstellungen vor allem in Frankreich und Argentinien gestaltet. In seinem unverwechselbaren Stil schuf er eine ganze Reihe von Einzelfiguren. Die hergestellten Exemplare besitzen alle ein Echtheitszertifikat und sind nummeriert: Mein „Poker Face" trägt Nummer 14 und wurde 2017 hergestellt.

Markant auf den ersten Blick, vom Künstler sicher so gewollt, fällt sein Gesichtsausdruck ins Auge. Die Augen leicht zugekniffen, die Augenbrauen etwas hochgezogen, lässig im Mundwinkel einen Zahnstocher (oder ein Streichholz?), die Nasenflügel „aufgeblassen" sitzt er vor uns und verrät rein gar nichts von seinem Blatt. Elegant den kleinen Finger der rechten Hand abgespreizt, greift er zu seinem Einsatz, den er lässig auf die Tischmitte räumt.

Schaut man von unten in sein Blatt, so erkennt man einen „Royal Flash" in Herz, die höchstmögliche Kartenanordnung beim Poker. Schaut man jedoch genauer auf unseren smarten Spieler, fällt auf, dass er hinten unter der Jacke ein weiteres Herz-As „versteckt" hat. Was ist das denn?

Neben diesem „Spieldetail" fallen andere Kleinigkeiten auf, die sicher bewusst so gestaltet sind. Eine edel wirkende Jacke, elegante Jeans und schlichte Lederschuhe zieren seine Kleidung. Neben dem großen Stapel von Spielchips auf dem Tisch ein paar Knabbereien, aber vor allem ein kühles Getränk.

Die Figur ist aus festem Material, welcher Kunststoff lässt sich schwer sagen, wiegt knapp 3 kg und steht auf einem Sockel von 17 x 17 cm. Tisch und Hocker sind wieder einbeinig, so dass man sich sogar vorstellen kann, dass unser „Poker Face" seine Lässigkeit durch leichtes Kippeln untersetzen könnte.

Es ist eine wunderbar gelungene Darstellung eines Glücksspielers, der abgezockt und selbstsicher daherkommt. Schlitzohrig und berechnend genießt er seinen baldigen Triumpf.

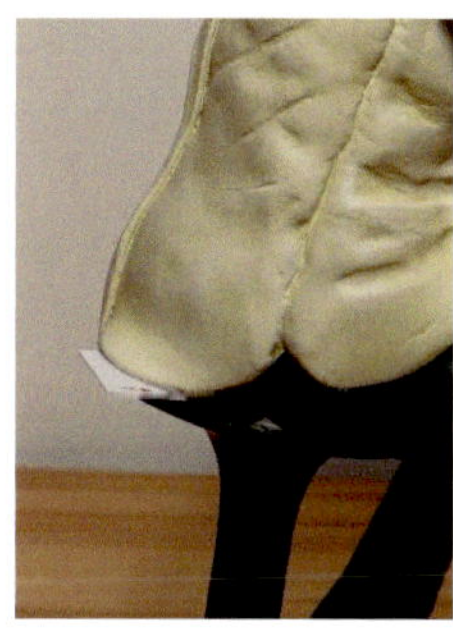

Figuren für die Wand

Das Holzrelief

Dieses Wandbild der Maße 45 x 37 x 7 cm zeigt eine Gruppe von Kartenspielern mit einem ganz eigenen Reiz durch seinen Stil als Reliefbild. Wir erkennen drei sehr unterschiedliche Typen von Spielern, die in Körperhaltung, Aussehen und Spielteilnahme sehr individuell sind.

Dominiert wird das Relief vom rechten Spieler, vor allem durch seine intensive Ausholbewegung. Er fällt auch mit seinem eher wuchtigen Körper auf, was durch den beeindruckenden Mantel noch betont wird. Sein Gesicht allerdings zeigt eher einen verbissenen Blick, möglicherweise ist er mit seinem bisherigen Spiel eher unzufrieden.

Der mittlere Spieler besticht durch seine entspannte Haltung mit einem leichten Grinsen im Gesicht. Er erwartet das Zuspiel seines Gegners und wirkt dabei sehr gelassen. Seine Fliege verleiht ihm eine gewisse Eleganz. Ob die Verletzung auf der Stirn bewusst gesetzt wurde, entzieht sich dem Betrachter.

Am wenigsten einzuschätzen ist die Ausstrahlung des Spielers zur linken. Mit seinem sehr auffälligen Vollbart wirkt er sehr gesetzt. Er zieht überlegt seine nächste Karte und scheint sehr konzentriert bei der Sache. Lässig in Pantoffeln sitzt er nach vorn gebeugt am Tisch und sieht ein wenig wie der cleverste Spieler aus.

Insgesamt ist dieses Relief von etwas mehr als drei Kilogramm eine beeindruckende Schnitzarbeit. Die Kennzeichnung auf der Rückseite nennt eine Firma Bergmann aus Oberammergau als Hersteller. Eine elektronische Rückfrage in Oberammergau ergab allerdings, dass es die Schnitzerei Bergmann seit etwa 30 Jahren nicht mehr gibt.

Das Gesamtbild mit dem eigentlich zu kleinem Tisch ist eine sehr schöne Arbeit, die mit gutem handwerklichem Geschick hergestellt wurde. Betrachtet man die Frisuren, den Bart, die schöne Kopfbedeckung mit Gamsbart, die Kleidungsdetails inklusive Knopflöcher und die Herzkarte beim rechten Spieler, so ahnt man etwas von der Kunstfertigkeit des Holzschnitzers.

Der Zinnteller

Mit rund dreißig Zentimetern Durchmesser und einer Relieftiefe von etwa 30 mm wirkt dieser Teller gegenüber dem Holzrelief eher bescheiden und deutlich kleiner. Drei Kartenspieler sind auf diesem „Bild" begleitet von drei Kiebitzen, die im Prinzip jedem Spieler fast als Partner „zur Seite" gestellt sind. Bemerkenswert ist allerdings, dass bei genauem Hinsehen, derzeit nur zwei Spieler die Karten kreuzen und ein Stapel von Karten in der Mitte des Tisches liegt. Handelt es sich um ein Zwei-Personen-Spiel wie Mau-Mau oder 66, auch als „Schnapsen" bekannt?

Beeindruckend finde ich die Gesichter der sechs Personen, wobei die beiden Spieler sehr entspannt und mit einem Lächeln auf den Lippen dem Spiel folgen. Die Kiebitze schauen interessiert zu, indem sie über die jeweiligen Schultern blicken.

Interessant an den sechs Gesichtern sind die verschiedenen Bärte, die von mehr oder weniger ausgefallenen Schnauzbärten bis zu einem ausgeprägten Vollbart in der Mitte sind. Die Frisuren sind ebenso wie die Kopfbedeckungen sehr detailgetreu gestaltet inklusive einer Feder am Hut des links sitzenden Spielers.

Eine Pfeife und zwei Ulmer unterstreichen die offenbar sehr lockere Atmosphäre an diesem Spieltisch. Mantel, Jacken und Weste sind ebenfalls im Detail sehr gekonnt dargestellt. Gut herausgearbeitet sind auch das über den Stuhl gehängte Gewehr des Jägers nebst einer Umhängetasche.

Ein niedliches „Bild im Bild" ist der kleine Junge unterhalb des Tisches, der den Jagdhund streichelt. Muss einer der Herren auf den Sohnemann aufpassen? Ist es üblich, dass die Sprösslinge einen Spieleabend begleiten? So war es zumindest bei mir, der ich immer voller Erwartung dem Großvater in der Küche in Altenfeld beim Spiel zusehen wollte. Zudem habe ich auch beim Vater viel „abschauen" können.

Auf der Rückseite ist auf dem Tellerrand ein kleiner „Aufdruck" zu finden, der vermutlich auf die Herkunft des Tellers schließen lässt. Oben rechts ist dieser sitzende Engel mit Flöte gezeigt, wobei es mir nicht gelungen ist, die Urheberschaft zu klären.

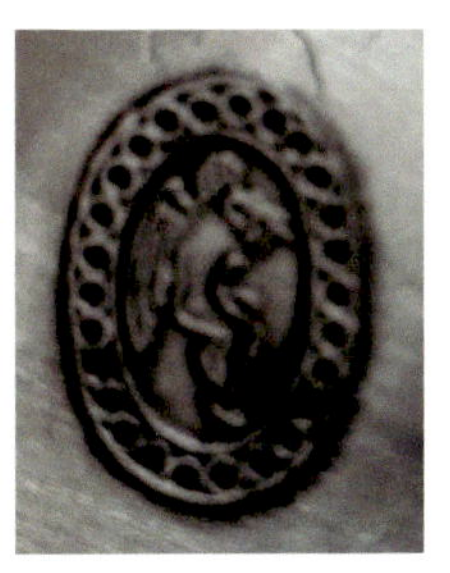

Miniaturen

Die „Außerirdischen“

Zwei kleine „Männlein“ in sitzender Haltung mit überkreuzten Beinen
halten Spielkarten in den Händen. Lächelnd sitzen sie da und nehmen
uns in ihren Bann. Mit hochgezogenen Mundwinkeln und leicht ver-
drehten Augen erscheinen sie uns sehr surreal. Hinzu kommen die Flü-
gel, die am Rücken sichtbar werden. Ob die jeweils vier Karten einen
Hinweis auf das Spiel bedeuten sollen, bleibt uns verschlossen.

Besonders bemerkenswert ist, dass es pro Spieler nur ein Haar gibt. Ent-
weder aufgestellt oder „wirr“ auf dem sonst haarlosen Schädel ziehen
sie unsere Aufmerksamkeit auf sich, zumal eine „Haarpracht“ wie eine
Antenne daherkommt.

In den Bildern nicht sichtbar ist die Tatsache, dass beide Spieler jeweils
eine Karte im Rücken im Hosenbund „versteckt“ haben. Das schelmi-
sche Lächeln und die abstehenden Ohren geben den Beiden einen sehr
sympathischen Ausdruck und lassen mich eher fragend zurück, welchem Spiel die Kontrahenten/Spielpartner (?) nachgehen.

Die Legomännlein

An einen runden Tisch (Durchmesser rund 40 mm) stehen zwei Lego-
Figuren mit Spielkarten in den Händen. Typisch für diese Figuren sind
die abstrakte Gestaltung und vereinfachte Formen. Bis auf die Farbgebung sind beide fast gleich, wobei einige Details unterschiedlich bleiben wie Halstuch und Kopfbedeckung. Der verdeckte Kartenstapel auf
dem Tisch deutet wieder auf ein „Zweipersonenspiel“ (s. o.) hin.

Obwohl die kleine Gruppe etwas „steril“ anmutet, ist sie Ausdruck des
Wunsches von Lego, auch dem Kartenspiel in seiner großen Figuren-
vielfalt einen Platz einzuräumen. Vielleicht steckt dahinter der Ge-
danke, dass bereits den Kindern beim Spiel mit Lego der Reiz des Kar-
tenspiels nahegebracht werden soll.

Insgesamt ein schlichtes „Kleinod“, das aber in einer solch umfangreichen Schau von „Kartenspielerfiguren“ nicht fehlen darf.

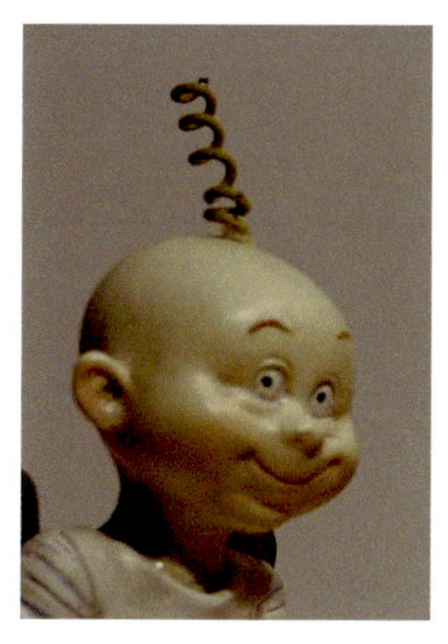

Die Froschgruppe

Drei grasgrüne Frösche einer Art/Gattung, die ich nicht ermitteln wollte, sitzen hier mit Karten in den Händen und spielen offenbar miteinander. Geneigte Köpfe und aufmerksame, hervorstehende Augen zeigen die Lust am Spiel. Der einzige Frosch mit offenem Mund/Maul hat gerade einen Stich genommen und legt ihn beiseite. Vielleicht macht er eine Bemerkung zu seinem Erfolg. Die anderen beiden Tiere ähneln sich sehr in Sitz- und Handhaltung.

Auffällig ist dabei, dass die Frösche vier „Finger" aber nur drei „Zehen" haben. Damit wäre in ihrer Zahlenwelt das Achtersystem bestimmend. Bei noch genauerem Hinsehen fällt auf, dass zwei der Frösche die Finger an den Karten abspreizen. Der Künstler kannte dies vielleicht vom Trinken, wo man aus Spaß auch den kleinen Finger abspreizen kann und mit der Bemerkung versieht: „Hände weg vom Alkohol". Bei einer Sitzhöhe von 8 bis 9 cm sind die Frösche etwa in Originalgröße dargestellt. Es mutet schon ein bisschen exotisch an, wenn man sich diese Situation vor Augen hält. Auf jeden Fall ist es eine „skurrile" Bereicherung der Sammlung und ergänzt die bisherigen Tierdarstellungen.

Die Holzskifahrer

Holzfiguren sind eher selten in der Sammlung und sind mit dieser kleinen Dreiergruppe am Tisch recht ungewöhnlich erweitert worden. Alle drei haben Skier an den Füßen und fallen durch extralange Kinnpartien auf. Der Spieler mit Brille hat erstaunlicher Weise einen Ski dabei deutlich abgewinkelt.

Alle drei tragen einen Schnauzbart in spezieller Form, halten in beiden Händen Karten und sitzen auf gleichen würfelähnlichen Sitzmöbeln. Die Figur mit Hut misst etwa 10 cm in der Höhe.

Das Spieler gleich mit den Skiern, ohne diese abzustellen, Karten spielen, deutet darauf hin, dass es ihnen damit sehr eilig war. Symbolisch kann dies bedeuten, dass man nach Betreten des Lokals kein großes Gewese machen sollte, wenn man sich zum Kartenspielen verabredet hat. Dies unterstreichen diese drei Herren eindrucksvoll.

Zum Berufsende 2022

Drei ältere Herren

Im Sommer 2022 habe ich nach 32 Jahren als Schulleiter Jackett und Schlips zumindest für die berufliche Tätigkeit für immer abgelegt. Für mich ein sehr bewegender Moment, der durch die Anwesenheit vieler Wegbegleiter noch erheblich veredelt wurde. Unter anderem waren auch ehemalige Amtsbrüder und -schwestern anwesend, mit denen mich eine ganz besondere Beziehung verbindet. Als Schulleiter in den neunziger Jahren mehrfach in Fortbildungswochen gemeinsam unterwegs, sind wir auch danach freundschaftlich verbunden geblieben. Diese „Ehemaligen" haben mir mit der hier vorgestellten Gruppe als Abschiedsgabe ein wunderbares Geschenk bereitet.

Auf quadratischen Hockern platziert, sitzen drei ältere Herren zum Kartenspiel versammelt. Jeder hat Karten in seiner linken Hand und der Spieler rechts wird als nächster seine Karte legen. Erstaunlich ist die Blickrichtung der drei Männer, die irgendwie schief erscheint. Nur der linke Spieler schaut auf den Tisch, auf dem verdeckte und offene Karten liegen. Neben der Flasche und den Trinkbechern ist auf dem Tisch ein Objekt platziert, das sich nicht so einfach erklären lässt: Handelt es sich um ein Stück Papier, auf dem die Ergebnisse der Spiele notiert sind?

Bemerkenswert ist an den drei Herren, dass sie offenbar den gleichen Friseur nutzen. Der fast gleiche Haarkranz zeugt auch vom gehobenen Alter der Männer. Die Kleidung ist recht leger, der Spieler im blauen Hemd rechts ist sogar in Pantoffeln barfuß beim Spiel. Der Fußboden ist gefliest dargestellt und der Tisch ein wenig nach Innen gewölbt.

Insgesamt ist dieses Geschenk eine sehr gediegene Arbeit, die auf Grund des Alters der Spieler und somit durch die vermeintliche Erfahrung der Beteiligten beim Kartenspiel eine ganz eigene Ausstrahlung hat. Interessant in den Details und vor allem mit sehr ausgeprägten Gesichtszügen ist dies ein kleines Kunstwerk der speziellen Art. Ich war nicht nur sehr positiv überrascht, sondern vor allem sehr angetan von dieser Geste eines befreundeten Kollegenkreises. Danke an die „Glorreichen Sieben".

Drei Kartenspieler mit Hut

Dieses Geschenk erhielt ich sehr überraschend von der Mutter eines Schülers, die sich offenbar daran erinnerte, dass ich solche Objekte sammle. Ich erfuhr später, dass es eher doch ein Zufall war, diese Kartenspielerfigurengruppe zu finden. Glaubhaft wurde mir versichert, dass auf vielen Märkten und in vielen Geschäften in vielen Ländern dieser Welt keine Möglichkeit bestand, neue Figuren zu beschaffen. So blieb am Ende der Weg übers Internet.

Man erkennt eine Gruppe von drei Spielern, die sich wie viele der anderen in den bisherigen vier Bänden vorgestellten Gruppen einem gemütlichen Kartenspiel hingeben. Insbesondere der mittlere Spieler scheint doch recht angespannt das nächste Ausspiel des linken Spielers zu erwarten. Dieser sitzt mit dem Zigarettenstummel im Mundwinkel sehr unaufgeregt und lässt sich offenbar Zeit dafür. Das liegt sicher auch daran, dass er verbotener Weise seinem vermeintlichen Mitspieler zur rechten eine Karte unter dem Tisch mit dem Fuß „zuspielt". Dieses Motiv hatten wir bereits mehrfach beobachtet.

An Details fallen einige Dinge auf. So ist nicht nur der Spieler mit der Karte im Fuß barfuß, sondern alle drei tragen keine Schuhe und Socken. Nur ein Sitzmöbel ist ein Stuhl mit Lehne, die beiden anderen Spieler nutzen einen Hocker. Die Kleidung ist gediegen, die Kopfbedeckungen sind ziemlich interessant. Eine Schirmmütze in der Mitte und ein Hut mit kleiner Krempe fallen ebenso auf wie der Hut mit breiter Krempe.

Die beiden letzten Figurengruppen sind etwa gleich groß, wobei die „Hutmänner" auf einer Grundplatte von 22 x 10 cm platziert sind bei einer Höhe von rund 16 cm. Das Material erschließt sich mir nicht recht. Es könnte eine Art „Kunststein" sein, vielleicht Polyresin wie beim „Herrenabend" aus Band 3.

Insgesamt ist es eine schöne Gruppe, die nicht nur durch das unerlaubte Spiel ansprechend wirkt. Der nichtsahnende Blick des mittleren Spielers beherrscht ein wenig die Szene, aber auch die passenden Gesichtsausdrücke der anderen beiden geben der Gruppe etwas „Eigenes". Vielen Dank an Frau (Prof.) M.!

Weihnachtsgeschenke 2022

Nachdem im Sommer klar wurde, dass der 40. Geburtstag der Kartenspieler „Schillerhof 82" (vgl.: www.noll-hand.de) zum Jahresende bevorsteht, bat ich unsere Große noch um „Zugaben", die für das Weihnachtsfest gedacht waren. Das tat sie dann auch zeitnah im Sommer.

Drei Kinder beim Kartenspiel

Noch zweimal wiederholt sich das Motiv des „unerlaubten Fußspiels" in den Geschenken zum Fest in diesem Jahr. Dabei fallen natürlich eine ganze Reihe von Parallelitäten zu diesen bisherigen Gruppen auf.

Immer ist es der linke Spieler, der unter dem Tisch für den mittleren unsichtbar, eine Karte an den rechten Mitspieler weitergibt. Ob es davor/danach einen Tausch gegeben hat/gibt, bleibt in allen Fällen offen. In jedem Beispiel versuchen jedoch die „Übeltäter" vom Geschehen geschickt abzulenken. Das geschieht oft wie hier mit dem Neigen des Kopfes vom „Vergehen" weg sowie der Betonung des rechten Spielers, sich dem Spiel intensiv zu widmen und nichts anderes im Sinn zu haben. Begleitet wird dies dann vom ahnungslosen, hier sehr konzentrierten Ausdruck des mittleren, betrogenen Spielers, wie auch in dieser Gruppe, der immer glaubt, dass alles mit rechten Dingen zuginge.

Die Kindergruppe, vermutlich aus Porzellan, sitzt bei offenbar sommerlichen Temperaturen auf symbolisiertem Gras im Freien und spielt gern Karten. Teils ernsthaft, teils spitzbübig sind sie bei der Sache. Zwei konzentrieren sich auf eine ganz spezielle Kartengabe, wobei die Karte im Fuß und die auf dem Tisch aus Papier sind.

Leider ist diese Gruppe ein wenig beschädigt, wie ein kurzer Blick auf die Hand des rechten Spielers zeigt, die unter dem Tisch agiert. Dort fehlt der Daumen und ebenso ist sein großer Zeh des linken Fußes ohne Nagel. Sonst fällt der Krug unter dem Stuhl des linken Spielers auf, den die Jungs hoffentlich nicht vor dem Spiel geleert haben, falls er mit Wein gefüllt war. Interessante Sitzmöbel, ein beeindruckendes Tischbein und gepflegte Haare der Spieler sind gut getroffen. Diese Gruppe auf elliptischem Sockel mit den „Halbachsen" 30 und 20 cm erhielt einen angemessenen Platz auf dem Gabentisch 2022.

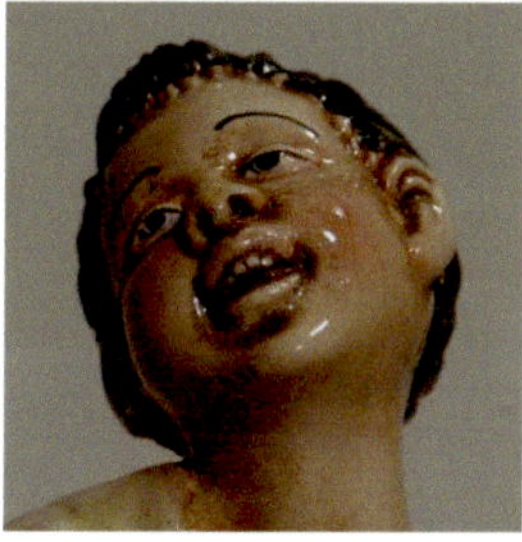

Vier Herren in der Küche

Zum ersten Mal wird hier eine Kartenspielerfigurengruppe vorgestellt, die nicht nur um einen Tisch gruppiert sitzt, sondern in einem küchenähnlichen Ambiente dargestellt ist. Quadratische Fliesen bilden den Boden der Küche, die an der Wand ebenfalls, allerdings mit einem Dreieckmuster, gefliest ist. Ein Wandregal nimmt drei Flaschen auf, deren Inhalt sich nicht ganz nachvollziehen lässt. Das Wandensemble wird ergänzt durch zwei Bilder und einen Kalender vom April 1997.

Dieser Kalender hat schon etwas Skurriles. Einerseits ist der Monatsname mit einem Fehler behaftet, andererseits hat die Woche dort nur sechs Tage. Damit „gelingt" es dem 1. und 7. auf den gleichen Wochentag zu fallen. Zudem ist der fünfte April 1997 ein Samstag, hier allerdings rot unterlegt. Sehr viel Fehler in so einem kleinen Detail, oder?

Die Gesichter der Spieler sind relativ abstrakt geformt, was möglicherweise an der Machart der Gruppe liegen könnte. Es scheint sich um eine Art Ton zu handeln, der gebrannt wurde und danach farblich markiert. Der Versuch, die Gesichter etwas hervorzuheben, gibt leider wenig Ausdrucksstarkes zur Kenntnis. Bemerkenswert bei den Spieler ist zudem, dass es keine klare Darstellung der Finger gibt.

Die Spieler scheinen aufmerksam dem Spiel zu folgen, wobei es sich um ein Vierpersonenspiel zu handeln scheint. Da käme Doppelkopf in Frage. Die Karten sind zu undeutlich dargestellt, man kann nur vermuten, dass es sich um ein Deutsches Blatt handelt. Die Anzahl der Karten in den Händen ist auch nicht ganz erklärlich und was mir besonders auffällt, ist die Länge der Arme des rechten Spielers.

Anzumerken ist das weniger sichtbare „Getränkelager", das auf der Bank im Rücken der Spieler platziert ist. Offenbar ist eine der Flaschen vom Wandregal genommen worden und wird nun „schluck"weise auf drei (!) Becher verteilt.

Insgesamt ist die Gruppe in ihrem Umfeld der Küche eine ganz spezielle Art der Darstellung von kartenspielenden Männern. Leider sind viele Details unscharf, undeutlich und werten damit den künstlerischen Gehalt doch deutlich ab.

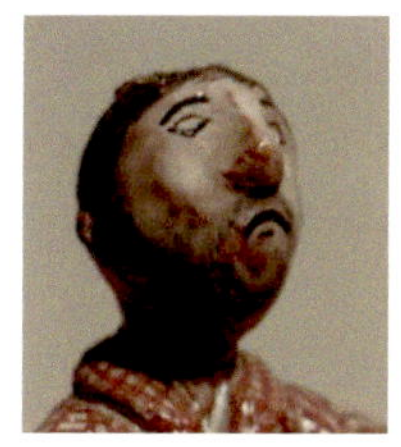

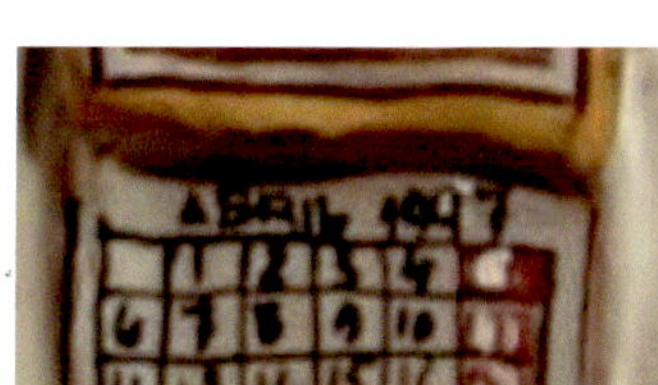

Drei Männer am schiefen Tisch

Diesmal sehen wir drei Kartenspieler, hier unterschiedlichen Alters, an einem wieder schiefen Tisch. Zum Vergleich des Motivs habe ich ausnahmsweise nochmal die Gruppe von Seite 47 nebenstehend abgebildet. Es gibt schon sehr beindruckende Parallelitäten, nicht nur der Krug unter dem linken Stuhl.

Zwei eher jugendliche Spieler sitzen mit einem reifen Mann mit edlem Hut an einem noch schieferen Tisch als die drei Kinder von oben. Analog der „Kindergruppe" sehen wir deutlich das „Foul" unterhalb des Tisches, wobei der ältere Herr trotz des leichten Vorbeugens keine Ahnung vom verbotenen Spielzug hat. Ziemlich überzeugend sind die „Übeltäter" wieder sehr ahnungslos gezeichnet, wobei vor allem der rechte Knabe sogar auffällig in die Luft schaut, um vom Handlungsort des unerlaubten Kartenreichens abzulenken.

Schaut man auf den Tisch, fällt auf, dass der mittlere Spieler bereits mehr Karten sein Eigen nennen kann als die beiden Gegner. Möglicherweise ist dies der Grund, wieso die beiden Jüngeren nun dieses Mittel des „Unerlaubten" bemühen, um doch noch eine Gewinnchance zu bekommen. Die weitere Kartenlage auf dem Tisch lässt wenig Rückschlüsse auf Spielverlauf und mögliche Ergebnisse zu.

Die aus Kunststoff (Polyresin ?) hergestellte Gruppe ist sehr detailgetreu gestaltet und hat auch durch die ausdruckstarken Gesichter eine ganz spezielle Anziehungskraft. Die jeweils mit Westen gekleideten Männer sind sommerlich angezogen, die jungen Burschen sind barfuß. Der Fußboden ist mit Steinplatten gestaltet, der Tischfuß ist offenbar ein alter Baumstumpf mit einem abgeschnittenen Ast, auf dem auch der „verbotene" Fuß abgestützt wird. Schlichte Sitzmöbel mit zwei Hockern und einem Stuhl lenken nicht von der Kartenspielerszene ab.

Der ahnungslose Blick des älteren Spielers mit seinem markanten Schnauzer, die verstohlenen Blicke der Jungen, die gesamte Körperhaltung der Gruppe ist für dieses Objekt bestimmend und macht sie einzigartig.

Figurengruppen bei anderen Spielen

Es sind natürlich neben dem Kartenspiel viele weitere Spiele mit Figurengruppen darstellbar. Nachdenkliche Gesichter, angespannte Spielsituationen und besondere Momente könnten so thematisiert werden. Ein Abschiedsgeschenk zu meinem Berufsende einer ganz außergewöhnlichen Schülerin und eine Partnergruppe zu den „Kreta-Mönchen" werden nun beispielhaft vorgestellt.

Die Backgammon-Mönche

Parallel zu den vier kartenspielenden Mönchen (Band 1 S. 18/19) erwarb ich zu unserem Osterurlaub 1999 auch diese kleine Gruppe zweier alter Mönche, die sich diesem Brettspiel für zwei Personen widmen. Analog den Kartenspielern sind die schwarzen Kutten, die langen weißen Bärte und die Kopfbedeckungen.

Im Gegensatz zu den Kartenspielern sind diese beiden Herren ernsthaft und ehrlich beim Spiel. Der kleine Tisch nimmt fast vollständig das Spielbrett auf, suchen muss man allerdings die für das Spiel notwendigen Würfel. Vielleicht ist die Andeutung in der Mitte einer Bretthälfte ein Hinweis darauf.

Backgammon ist ein Brettspiel und eine Mischung aus Strategie- und Glücksspiel, es gehört zu den Wurfzabel-Spielen (englisch tables games), einer der ältesten Brettspielefamilien der Welt. Es gewinnt der Spieler, der als Erster alle eigenen Steine aus dem Spielfeld abtragen kann.[Wikipedia]

Analog den kartenspielenden „Kreta-Mönchen" sind auch für die beiden Backgammonspieler die Möbel sehr schlicht gehalten. Zwei Hocker und ein sehr einfacher Tisch, hier jeweils mit Gipsmaterial gefüllt, bilden das Ambiente der Figurengruppe. Man erkennt mit Mühe die Spielsteine und die notwendigen Spitzen auf den Spielbrettern.

Auch wenn die Gruppe nicht besonders aufregend erscheint, war es eine gute Ergänzung zu den kartenspielenden Mönchen. Die Analogie der Figuren und Möbel deutet darauf hin, dass es derselbe „Künstler" gewesen sein muss, der die Figuren entworfen hat.

Schachspieler als Geschenk

Das Schachspiel an sich würde unglaubliche Motive geben, wenn man ein wenig in die Geschichte dieser Sportart schauen würde. Vor rund fünfzig Jahren gab es mit Robert (Bobby) Fischer einen kurzzeitigen Weltmeister für drei Jahre, der durch seine ganz besonderen Eigenheiten außergewöhnlich war. Hinzu kam, dass sein Erfolg als Schachspieler auch immer im Zusammenhang mit dem Wettkampf Ost (SU – B. Spasski) gegen West (USA– B. Fischer) in Verbindung gebracht wurde.

Die beiden Schachspieler als Paar erinnern ein wenig an die Kavaliergruppe aus Band 3 (S. 34), die ähnlich farblich abgestimmt mit barocken Kleidern dargestellt werden. Hier sehen wir ein sich wahrscheinlich sehr zugeneigtes Paar von diesmal schachspielenden Personen. Gehüllt in edle Kleider zeigen sie sich dem Spiel zugewandt, aber ihre Gesichtsausdrücke lassen deutlich eine Freude erkennen, die auch deshalb so offenkundig ist, da sie sich vermutlich sehr mögen.

Interessant sind die Figuren auf dem zu kleinen Spielbrett, das rund vier-mal-vier Felder groß ist. Die Schachfiguren sind gut als Türme, Bauern, Springer und Läufer auszumachen. Nach welchen Regeln die Figuren gesetzt werden, bleibt eher offen, aber das ist vielleicht auch für die beiden „Verliebten" nicht so wichtig.

Mehrere Details sind recht interessant gefertigt wie zum Beispiel die Fingerhaltung der beiden Protagonisten, die sehr natürlich wirkt. Die Oberbekleidung ist in tiefem Blau gehalten und von hoher Eleganz. Der Rock der Dame und die Kniehose des Herren sind mit farbigem Blumenmuster verziert, was einen weiteren schmückenden Akzent setzt.

Überrascht wurde ich von diesem Paar schachspielender Figuren während meiner letzten Abiturfeier am späteren Abend von den Eltern einer ehemaligen Abiturientin, die damit auch eine große Dankbarkeit der gesamten Schule gegenüber ausdrücken wollten.

Es war sehr wohltuend, die vielen positiven Einschätzungen für die Arbeit der Schule auch stellvertretend für die Kollegen zu hören. Vielen Dank Familie D..

Skatfreunde „Schillerhof 82"

Am 09. Dezember 2022 saßen wir zwar nur in kleiner Runde an unserem Stammtisch, aber der feierliche Glanz in unseren Augen verriet auch dem Wirt, dass etwas Besonderes stattfindet. Genau 40 Jahre vorher kreuzten wir zum ersten Mal die Skatkarten bei einer kleinen Weihnachtsfeier der Sektion Mathematik, wie es ehemals hieß. Sechs Mitarbeiter fanden sich damals zusammen, ausgelost wurden mit den Zahlen 1 bis 6 zwei Dreiertische. Nachdem einige Runden gespielt wurden, sollte eine neue Auslosung die Gruppen ein wenig mischen, wobei nicht ganz überraschend vorher klar war, dass sich zwei Paare von Spielern „wiedersehen" mussten. Welch Erstaunen aber, dass die Nummern 1 bis 6 wieder genau wie in der ersten Auslosung gezogen wurden. So kam es dann noch zu einer dritten und vierten Auslosung, die auch andere Spielpartner erzeugte. Lange her.

Nun haben wir mit dem 40. Geburtstag unserer Skatrunde eine lange gemeinsame Zeit bei genau 1137 Abenden in vielen Lokalen der Stadt verbracht. Dauerhaft werden wir hoffentlich bis zum fünfzigsten, goldenen Jubiläum in der „Noll" spielen, wo wir seit vielen Jahren sehr freundlich bedient und teilweise betreut werden. Unseren Dank dafür haben wir auch mehrfach ausgedrückt, wie in Band 1 und 2 mit der Puppe des Wirtes und dem Holzintarsienbild unserer Gruppe nachzulesen ist. Immer wieder dankbar nehmen wir Freitagabend an „unserem" Tisch in der Oberlauengasse in Jena Platz.

Etwa seit dem 50000sten Spiel haben wir statistisch etwas mehr Aufwand betrieben, um die wirklich umfangreichen Daten zu unserer Skatspielergemeinschaft noch ein wenig zu kultivieren. Dabei haben wir weniger die oft lang diskutierten „Fehler" im Blick, sondern die objektiven Daten der Wenzel im Skat. In Band 3 wurde kurz geklärt, wie hoch die theoretischen Wahrscheinlichkeiten dafür sind. Das zeigte auf, dass **ein** Wenzel mit rund 23%(!) im Skat liegt und **zwei** Wenzel mit 1,2 % (jedes 80ste Spiel !?). Unsere Statistik gab dies nach den ersten rund 1000 Spielen in keiner Weise wieder, aber da es sich ja um das „Gesetz der <u>großen</u> Zahlen" handelt, sahen wir auch bei uns eine langsame Annäherung an die „richtigen" Prozentzahlen. Derzeit sind die Anteile wie folgt:

Zeitraum	Spieltage	Spiele	1 Bube	%	2 Buben	%
10/17-12/22	136	3338	659	19,74	90	2,70

Es ist immer noch deutlich mehr bei uns der Fall, dass wir zwei Wenzel im Skat finden, als es die Wahrscheinlichkeit vorgibt, aber wir sind auf dem „richtigen" Weg. Es gibt bereits Spieltage, da sind die ersten fünf Spiele mit jeweils einen Wenzel im Skat „veredelt" und auch Spieltage ohne zwei Wenzel im Skat. Wir werden dies auf jedem Fall weiterverfolgen.

Wir notieren in unseren „ewigen" Büchern derzeit auch die Höhe des Reizens. Dabei ist für unsere Runde sehr auffällig, dass wir sehr oft beim Anfangswert 18 „stecken" bleiben. Vielmals ist dabei die erste Ansage schon die einzige. Wird 18 gehalten, geht es wiederum oft nicht weiter. Das wird dann als 18b vermerkt. Selten wird höher als 20 gereizt, noch seltener mehr als 30.

Das auch in einer Aufgabe geschilderte Szenarium, wo der Spieler in Vorhand mit drei Wenzeln „ohne einem" und einer geschlossenen Farbe von As bis 7 mit zweimal mehr als 59 „angereizt" wird, kam bei uns noch nicht vor. Hier liegt die Vermutung nicht nur nahe, sondern muss bei richtigem Reizen eintreten: „Der Alte liegt im Skat". Damit kann ein sicherer Grand Ouvert angesagt und gewonnen werden.

Skaträtsel zum Dritten

Um beim Thema Rätsel zu bleiben, sei wenigstens ein Skaträtsel angefügt, das aus dem wunderbaren Buch von Herrn Kinback stammt, der viele anspruchsvolle Skaträtsel in [17] publiziert hat.

Dreimal Tauchen

In dieser Konstellation passt Vorhand bei 18, aber Hinterhand reizt sehr selbstbewusst bis 50 (!) und steigt dann aus. Mittelhand entscheidet sich gegen den „Siebentrümpfer" und spielt Eichel-Hand.

Wie ist der Spielverlauf gewesen, wenn die Gegenspieler mit 61 gewinnen? Hätte der Alleinspieler durch anderes Spiel gewinnen können?

Übernimmt der Alleinspieler die vorgespielte Grün-Dame mit dem Ass, so sticht Hinterhand mit dem Ass (25 Pkt.). Die verbleibenden zwei Grünstiche für die Gegenspieler ergeben $14 + 22 = 36$ Augen, was in der Summe 61 und den Sieg bedeutet. Wäre allerdings der Alleinspieler (dreimal) unter den Grünen geblieben („getaucht"), so wären dies nur $17 +$ (maximal) 33 Augen, was zum Sieg nicht reicht. Selbst wenn Hinterhand dreimal Schell zugibt $(17 + 21)$ und danach Schell-König mit dem Trumpfass sticht (15 Augen), sind dies nur 53 für die Gegenspieler.

Also: Dreimal Tauchen sichert dem Alleinspieler den Sieg !!

Aus dem wunderbaren Skatbuch [18] seien noch zwei Skataufgaben vorgestellt, wobei es sich um Endspielaufgaben handelt. Bei wirklich guten Spielern, von denen mein Vater mit Sicherheit einer war, kann man davon ausgehen, dass sie sich die noch auf den Händen verbliebenen Karten auf Grund der vorangegangenen Abläufe merken bzw. ein Gespür dafür haben, wer noch welche Karten sein Eigen nennt.

Bei dieser Verteilung ist Hinterhand (untere Reihe) Alleinspieler in einem Grand und benötigt noch 6 Augen bis zum Gewinn des Spiels. Vorhand (oben) ist am Spiel und kann durch geschicktes Ausspiel den Sieg für die Gegenpartei erzwingen. Aber was soll er/sie spielen? Die Entscheidung fällt für Grün 10, aber für wen ist dies günstig?

Mittelhand wird mit dem Grün Wenzel stechen, um die Zehn zu sichern. Nun muss allerdings der Alleinspieler clever überlegen. Legt er eine Rotlusche, so bekommt er auf seinen Wenzel vermutlich nur 5 Augen (mit rot Dame). Lässt er aber dreimal rot stehen (Wenzel „abwerfen"), so erhält er mit rot Dame die zum Sieg nötigen Punkte! Mit Vorhandausspiel einer der grünen Luschen und roter Dame hat Hinterhand keine Chance auf den Sieg.

Ein noch raffinierteres Endspiel wird mit der nächsten Aufgabe notiert, die Vorhand bei einem Eichelspiel zeigt, in dem er/sie noch 22 Augen zum Sieg benötigt.

Es sieht recht hoffnungslos für den Alleinspieler aus, da davon auszugehen ist, dass beide Farbkönige von den Gegnern gewonnen werden. Dies wären von den vorhandenen 56 Augen mit den sieben Augen in Grün bereits 35 Augen für die Gegenpartei, womit für den Alleinspieler nur 21 Augen bleiben. Ein Anspiel des Grün-Wenzel verändert daran auch nichts.

Eine neue Situation entsteht jedoch mit Ausspiel des Trumpf-Ass (!!). Mittelhand muss zugeben und Hinterhand sich für eine Farbe entscheiden, wobei er eine Zehn wimmelt. Nun muss Mittelhand ausspielen. Grün-König scheint gut, Hinterhand nimmt die (nun) blanke Dame und Vorhand bedient mit dem König der zweiten Farbe. Mittelhand spielt weiter Grün-Dame, Hinterhand bedient mit seiner letzten Dame und Vorhand sticht mit dem Wenzel. Der letzte Stich bringt Vorhand den Sieg, da Hinterhand noch eine Zehn dazugibt. Grandios !!

Lösungen zu den Schachaufgaben

1. Die beiden schwarzen Läufer wurden auf ihren Ausgangsfeldern geschlagen (Bauern !). Damit sind die schwarze Dame und der (zweite) schwarze Springer auf c3 und f3 geschlagen worden. Die Dame hat die letzte Reihe über c7 verlassen. Vorher schlug der Bauer d6 eine Figur, die wegen der noch vorhandenen weißen Figuren nur ein Läufer gewesen sein kann und zwar der schwarzfeldrige von Feld c1, der über d2 kam, was ein Schlagen des schwarzen Springers auf c3 benötigte. Also ist die schwarze Dame auf f3 geschlagen worden.

2. Alle zwölf (!) (erlaubten) Züge von Weiß führen zu Schach und sind nur in einem Fall mit einem Gegenzug zu beantworten. Setzt Weiß Tb6:f6, so ist die Fesselung des schwarzen Turms auf g7 aufgehoben und dieser kann den schachbietenden Läufer auf a7 schlagen.

3. Analog Aufgabe 2 hebt hier Tg4:e4 die Fesselung der Dame auf, die den schachbietenden Läufer auf h3 schlagen kann.

4. Bei jeder schwarzen Figur gibt es einen (guten ?!) Grund, warum sie nicht als Letzte gezogen haben kann. Das kann mit besetzten Feldern zu tun haben oder mit Schach, von dem man weggezogen haben müsste. Auch der Bauer auf h6 kann nicht der Letzte gewesen sein, da sonst der Läufer g8 nicht dieses Feld erreicht hätte. Die drei Felder des schwarzen Königs sind jeweils mit Doppelschach belegt, was auch nicht geht. Somit bleibt als einzige Möglichkeit die lange Rochade von Schwarz.

5. Der schwarze König kann wegen der „Regel" nur über die kurze Rochade dann h7 und g6 auf sein Feld gekommen sein. Damit kann aber der Bauer auf g6 kein schwarzer sein.

6. Schwarz hat nur die beiden Läufer verloren, wobei auf b3 nur der weißfeldrige Läufer von c8 geschlagen wurde. Damit geschah dies und folglich das Schlagen auf e6 vor dem „Ausritt" der weißen Dame über a2. Da die weißen Läufer auf ihren Ausgangsfeldern geschlagen wurden (Bauern !) gibt es für die weiße Dame und den (zweiten) weißen Springer nur e6 und h6 als Felder, wo sie geschlagen wurden. Damit bleibt für die Dame nur h6.

7. Antwort darauf kann „im Prinzip" nur der weiße Läufer auf g3 geben. Dessen Anfangsfeld ist aber c3, von dem er nicht weggekommen ist. Also muss es sich um einen umgewandelten Läufer handeln.

8. Der weiße Turm, der Schach bietet, kann nicht von dieser Reihe kommen, aber auch nicht aus der Spalte, auf der er steht. Also kann es sich nur um eine (gerade) umgewandelte Figur handeln, womit klar wird, dass Schwarz an den linken Brettrand gehört.

Danksagungen

Zum fünften Band der „Kartenspielerfiguren" gibt es wieder vielfältigen Dank zu sagen für eine Gruppe von Personen, die mich bei der Erweiterung dieser ungewöhnlichen Sammlung unterstützt haben. Ein ganz besonderer Dank geht an unsere Tochter Wiebke, die sehr viel Energie in das verrückte Hobby ihres Vaters investiert hat und viele der hier gezeigten Figurengruppen organisiert hat. Danke meine Große!

Einer sehr bemerkenswerten Gruppe von Menschen möchte ich ganz herzlich danken, mit denen ich bereits mehr als 25 Jahre in Freundschaft verbunden bin. Obwohl recht unterschiedliche Charaktere ist es uns über die vielen Jahre gelungen, gemeinsame Unternehmungen zu organisieren und zusammen als angenehmes Erlebnis zu gestalten. Davon zeugen die mit viel Liebe gestalteten Bücher über die gemeinsamen Reisen, die nun bereits einen nicht unwesentlichen Teil meiner Bibliothek bereichern. Danke den „Glorreichen Sieben".

Neben unglaublich vielen freundlichen Danksagungen während meines beruflichen Abschieds inklusive der sehr angenehmen Worte des OB von Jena, eines wertvollen Geschenkes der Firma Zeiss und einer Großzahl von persönlichen Geschenken von Schülern und Eltern, u. a. ein selbstgefertigtes Schachspiel mit besonderen Figuren, erreichten mich auch zwei Erweiterungen der Figurensammlung, die in diesem Band vorgestellt wurden. Dafür bin ich sehr dankbar.

Dankbar bin ich aber vor allem meiner Frau Britta, die die vielen neuen Gruppen in der bisher schon ganz beachtlich gewachsenen Regalecke weiter integriert hat. Auf der Rückseite ist sichtbar, wie sich die gesamte Sammlung entwickelt hat. Noch sind nicht einmal alle Gruppen in den „Kartenspielerfiguren" abgelichtet, aber es scheint mit Band 5 eine gewisse „Sättigung" erreicht. Inwieweit sich diese Sammlung noch erweitern wird, muss offenbleiben. Insgesamt bin ich jedoch sehr zufrieden mit dem bisher Erworbenen, mit den wunderbaren Figurengruppen, deren Ausstrahlungen und charakterlichen Darstellungen, die immer wieder sehr schön anzusehen sind. Die Erinnerungen des Erwerbs jeder einzelnen Gruppe sind eine bleibende Freude beim Betrachten dieser „Kartenspielerfiguren".

Literaturangaben

[1] I. Moskovich, Gehirnjogging, Tandem Verlag, 2009

[2] M. Aigner, V. Schulze, Mathematische Semesterberichte, 55/1, 2008, S. 7 ff

[3] C. Müller, Wurzel, Zeitschrift für Mathematik an Ober- und Spezialschulen, Nr. 7/8 1988, Seite 98 ff

[4] B. A. Kordemsky, The Moscow Puzzles, Dover Publications, New York, 1972

[5] G. Pölya, How to solve it, Princton University Press, Princton and Oxford, 1971

[6] H. Hemme, Der 12-beinige Esel, Vandenhoeck & Ruprecht, Göttingen, 2005

[7] I. Moskovich, 1000 Denkspiele, Tandem Verlag, 2012

[8] H. E. Dudeney, The Canterbury Puzzles, Dover Publications, New York, 1958

[9] W. Ahrens, Mathematische Spiele, Anaconda, Köln, 2018

[10] E. J. Gik, Schach und Mathematik, Bibliothek„Kwant", Moskau, 1983 (russ.)

[11] Ch. Hesse, Expeditionen in die Schachwelt, Chessgate AG, Nettetal, 2006

[12] P. Krystufek, 100 mal Kniffel Schach, Wilhelm Heyne Verlag, München, 1986

[13] R. Smullyan, Schach mit Sherlock Holmes, Otto Maier Verlag, Ravensburg, 1979

[14] E. R. Berlekamp, J. H. Conway, R. Guy, Gewinnen – Strategien für mathematische Spiele, Band 1 bis 4, Friedrich Vieweg & Sohn, Braunschweig, 1982

[15] M. Gardner, My best mathematical and logic Puzzles, Dover Publications, New York, 1994

[16] P. Sloane, (kreative, trickreiche, neue) Denkpuzzle für helle Köpfe, BLV Verlagsgesellschaft mbH, München, Wien, Zürich, 1996 (vier Bände)

[17] Th. Kinback, Skat-Rätsel, 50 lehrreiche Skat-Aufgaben mit Lösungen und Analysen, BoD, Norderstedt, 2007

[18] F. Schettler, G. Kirschbach, Das große Skatvergnügen, Die hohe Schule des Skatspiels, Urania-Verlag, Leipzig, Jena, Berlin, 1988